Todos los derechos reservados. Ninguna parte de esta obra puede ser reproducida, almacenada o transmitida en forma alguna o por cualquier procedimiento, ya sea fotocopias, o cualquier medio electrónico o mecánico sin el permiso del escritor o del editor, ya sea en parte o en su totalidad.

Todas las historias son ficción y cualquier parecido con la realidad es pura coincidencia.

ÍNDICE

Introducción 5

    Método 6

Capítulo uno 8

    Resumen capítulo uno 12
    Chapter one summary 13

Capítulo dos 14

    Resumen capítulo dos 20
    Chapter two summary 20

Capítulo tres 22

    Resumen capítulo tres 26
    Chapter three summary 26

Capítulo cuatro 28

    Resumen capítulo cuatro 32
    Chapter four summary 33

Capítulo cinco 34

    Resumen capítulo cinco 38
    Chapter five summary 38

Capítulo seis 40

    Resumen capítulo seis 46
    Chapter six summary 46

Capítulo siete 48

    Resumen capítulo siete 52
    Chapter seven summary 52

Capítulo ocho 54

    Resumen capítulo ocho 58
    Chapter eight summary 59

Capítulo nueve 60

    Resumen capítulo nueve 66
    Chapter nine summary 66

Capítulo diez 68

    Resumen capítulo diez 72
    Chapter ten summary 72

Capítulo once 74

    Resumen capítulo once 80
    Chapter eleven summary 80

Capítulo doce 82

    Resumen capítulo doce 87
    Chapter twelve summary 88

Capítulo trece 90

    Resumen capítulo trece 94
    Chapter thirteen summary 95

Capítulo catorce 96

    Resumen capítulo catorce 100

Chapter fourteen summary 101

Vocabulario 103

Frases comunes 141

Expresiones idiomáticas 144

Léxico y gramática 145

Ejercicios de comprensión lectora 148

Soluciones 160

Enlace a link Audio MP3 162

Notas 163

Otros títulos publicados 166

INTRODUCTION

This book belongs to the *IMPROVE SPANISH READING* series specially written for those people who want to improve their Spanish level and vocabulary in a fun and entertaining way. Each book highlights every level's contents, from beginner to expert.

The stories are thought for people who are tired of reading books in Spanish without understanding them. Due to that, we have used a learning method based on the natural daily dialogues and expressions that, thanks to the summaries of each chapter, vocabulary index and the approach to the Spanish idiomatic culture, will get your Spanish to be more fluent.

At the end of the book you will find a downloadable audio link. Each story is recorded by a native Spanish speaker. With this audio, you can learn how to pronounce Spanish words properly while reading the novel.

The more advanced learning methods affirm that the most natural way of learning a language is close to the way children do. To that effect, these stories turn out to be perfect. It is not about understanding every word we are reading. It is not a reading and translating job. The real way of learning a language is understanding the context. We must be able to create an approximate idea of what the story is telling us, so later we can learn the vocabulary that will help us to find the needed words to express ourselves.

How do we use this learning method?

It is recommended to do a previous reading of the vocabulary before plunging oneself into the story, although this is not absolutely needed.

First of all, we will do a complete reading of each chapter. It does not matter if we do not understand everything we read; at the end of each chapter we will find a summary in Spanish and in English that will allow us to understand better what we have formerly read. If our comprehension has been good, we will continue with the next chapter; if it has not, we should read it again and check that now we understand the context better.

At the end of the reading we should do the comprehension activities that we can find at the end of the book.

We can play the audio while reading the book to improve our pronunciation or try to listen to the audio without reading the book and check if we understand everything. Either way, we will improve our Spanish language.

Throughout the stories we will find repeated topics, like greetings, meals, clothes, conversations in hotels and restaurants, addresses and descriptions of people that will help us interiorizing concrete and specific structures. These structures will be the base of the language knowledge in real situations.

La verdad de la leyenda
by Teresa Garviar

Capítulo uno

"Nativa japonesa da clases particulares de japonés. Todos los niveles. Para contactar enviar correo a <u>mizuki@tecnotec.tec</u>"

Antonio no sabe muy bien por qué, pero no puede apartar la vista de este anuncio en el periódico. La brevedad del mensaje y la cultura japonesa le atraen como un imán.

El joven mira su reloj de pulsera, son las nueve en punto de la mañana. Como todos los días, desde el cierre de la fábrica, Antonio se sienta en el bar de Paco a desayunar. Allí lee la prensa y busca entre los anuncios clasificados las ofertas de empleo. Con un bolígrafo de color rojo hace un círculo alrededor de los que le parecen más interesantes. Hoy solamente hay uno que se ajusta a su perfil.

"Importante empresa, dedicada al diseño de joyas, busca técnico informático para desarrollar página web y poner en marcha la venta online de sus productos. Imprescindible tener un nivel alto de inglés. Se valora el conocimiento de otros idiomas como el ruso o el japonés. Se ofrece incorporación inmediata. Salario bruto de 35.000 euros al año. Interesados entregar currículum en calle del Fresno, 18-3º centro."

Hoy es domingo. Solo algunas tiendas del centro de la ciudad permanecen abiertas y las oficinas tienen sus puertas cerradas. Mientras hojea el periódico, Antonio se toma un café y pide al camarero una tostada con mantequilla. Con el último sorbo, el joven decide ir a casa y actualizar su currículum en el ordenador. Antonio domina el inglés y los tres meses de Erasmus en Rusia le permiten mantener, al menos, una conversación básica en ruso.

—Paco, ¿cuánto es el café y la tostada?

—Un euro con cincuenta céntimos, por favor. ¿Qué planes tienes para hoy? —dice el camarero mientras saca una bandeja con vasos del lavavajillas.

—Ahora voy a casa a actualizar el currículum. Hay un trabajo que puede ser interesante. Y, esta tarde, quiero ir al cine con Luis y Julia —contesta a la vez que mete la mano en el bolsillo del pantalón y saca unas monedas que coloca sobre la barra del bar.

—Pues hay una película japonesa en los cines Paraíso que está muy bien. Si te gusta el cine independiente, claro.

—Me encanta el cine independiente, y más si es japonés —contesta al camarero—. Gracias por la recomendación, Paco. ¡Hasta mañana! —exclama mientras se da media vuelta para dirigirse hacia la puerta.

—¡Adiós! Pasa un buen día.

—Lo mismo, y saluda a Bea de mi parte —se despide al salir del establecimiento.

Nada más poner un pie en la calle, Antonio se fija en un restaurante nuevo frente al bar de Paco. ¡Es un restaurante japonés! El joven no se lo puede creer. Son demasiadas casualidades para pasarlas por alto.

En el camino a casa piensa en todas estas señales: el anuncio, la película, el restaurante... *Si te escondes, el destino te encuentra*, lee en un escaparate.

Resumen capítulo uno

Desde el cierre de la fábrica, Antonio va al bar de Paco a desayunar todos los días. Mientras toma el café, lee el periódico. El chico trata de buscar trabajo a través de los anuncios de ofertas de empleo. Sin embargo, ese día hay otro tipo de anuncio que llama su atención; una chica japonesa da clases de japonés. Antonio piensa que estudiar otro idioma puede ser bueno para su currículum. Antes de irse del bar, el camarero le recomienda ver una película japonesa en el cine. Al salir del local se da cuenta de que, justo enfrente, van a abrir un restaurante japonés. Antonio piensa que el anuncio, la película y el restaurante son demasiadas casualidades. En un escaparate lee "Si te escondes, el destino te encuentra" Antonio piensa que todo esto es una señal.

Chapter one summary

Since the closure of the factory, Antonio goes to Paco's bar to have breakfast every day. While he's having coffee, he reads the newspaper. The boy tries to look for a job through the ads for job offers. However, that day there is another type of advertisement that catches his attention; a Japanese girl teaches Japanese language. Antonio thinks that studying another language may be good for his CV. Before leaving the bar, the waiter recommends him to watch a Japanese movie at the cinema. When he leaves the premises he realizes that, just opposite the bar, someone is going to open a Japanese restaurant. Antonio thinks that the advertisement, the movie and the restaurant are too many coincidences. In a shop window he reads "If you hide, fate finds you" Anotnio thinks all these things are a sign.

Capítulo dos

Ya en el apartamento, Antonio se sienta frente al ordenador y comienza a escribir su currículum.

Datos personales:

Nombre y apellidos: Antonio Rodríguez García.

Dirección: calle Amapolas número 57 – 3º derecha (Madrid).

Código postal: 48280

Fecha de nacimiento: 15 de septiembre de 1990

Lugar de nacimiento: Madrid

Nacionalidad: española

Estado civil: soltero

Teléfono de contacto: 543343456

Dirección de correo electrónico: antoniorodgar@tecnotec.tec

Experiencia profesional:

2015 – 2017

Director del departamento informático de la empresa Megaboomerang.

2013 – 2014

Prácticas en la empresa Películas de Animación Moveon Stars.

Educación y formación:

2012 – 2013

Máster en nuevas tecnologías e informática aplicada al comercio en Lancaster.

2008 – 2012

Grado de ingeniería informática en la Universidad Complutense de Madrid.

2011 - 2011

Erasmus de tres meses de duración en Moscú con calificación de "excelente".

Idiomas:

Inglés: Proficiency, C2. Acreditado.

Francés: C1. Acreditado.

Ruso: conocimientos básicos.

Japonés: _

En este punto, Antonio vuelve a mirar los apuntes donde tiene anotado el correo electrónico de la profesora de japonés. Minimiza la pantalla del editor de texto y abre el Outlook. El cursor parpadea en la pantalla, casi al mismo ritmo que su corazón. Escribe la dirección de correo electrónico y teclea:

"Buenos días, Mizuki:

Mi nombre es Antonio y escribo en relación a un anuncio que aparece en el periódico de hoy. En este anuncio dice que usted da clases particulares de japonés. Tengo mucho interés en aprender su idioma. Si es posible, quiero saber cuánto cobra usted por las clases, dónde las da y qué días las imparte. Yo no conozco nada del idioma, excepto un par de palabras, así que debo empezar de cero con las clases.

Si necesita algún dato más, puede ponerse en contacto conmigo a través de este mismo usuario de correo.

Espero su respuesta.

Un cordial saludo.

Antonio"

El chico dirige el cursor del ordenador hacia la casilla que indica ENVIAR y aprieta el botón izquierdo del ratón.

En ese mismo momento, la melodía del móvil comienza a sonar. La foto de Luis y Julia abrazados y sonrientes aparece en la pantalla. Antonio desliza el dedo índice sobre el botón de responder. Luis está al otro lado de la línea telefónica, donde se escucha una respiración algo forzada por el asma crónica que padece.

—¡Hola Luis!

—¿Qué hay? ¿Cómo te va todo? —pregunta su amigo con tono alegre.

—Bien, bien, ya sabes. ¿Sigue en pie lo de ir hoy al cine?

—Para eso te llamo. ¿Sabes de alguna peli que pueda estar bien? —pregunta Luis.

—Sí. Quiero ir a ver una película de un director japonés, la ponen en los cines Paraíso. Se titula "La verdad de la leyenda".

—¿Cine japonés? Mira que te gustan las cosas raras. A ver cuándo nos dices que quieres ver una de esas típicas de cine de acción, con Tom Cruise que salta por los tejados y rescata a la protagonista de las garras del malo, ja, ja, ja —ríe Luis.

—Si prefieres ver otra película, a mí no me importa —miente Antonio.

—¡Julia! ¿Quieres ir a ver una película japonesa esta tarde? —se escucha a Luis preguntar al otro lado del teléfono. —Dice Julia que a ella le parece bien. Ya sabes que mi novia es más cercana a tus gustos que a los míos. Bueno, entonces nos vemos allí a las ocho menos veinte para comprar las entradas, ¿de acuerdo?

—Perfecto. Nos vemos allí a esa hora —se despide sin poder disimular su alivio.

Resumen capítulo dos

Cuando Antonio llega a casa hace su currículum en el ordenador. Antes de terminarlo, decide enviar un mail a la profesora de japonés. En él le pregunta por el precio, por el lugar en el que da las clases y qué días las da. Sus amigos Luis y Julia le llaman por teléfono para ir esa tarde al cine. Los tres quedan para ver la película japonesa "La verdad de la leyenda".

Chapter two summary

When Antonio arrives home he makes his CV on the computer. Before finishing it, he decides to send an email to the Japanese teacher. He asks her about the price, the place where she gives lessons and what days she gives them. His friends Luis and Julia call him to go to the cinema that afternoon. The three of them meet to watch the Japanese movie "The truth of the legend."

Capítulo tres

En la pantalla del ordenador aparece un icono que representa un sobre cerrado. Un rótulo indica que Antonio tiene cuatro mensajes nuevos en la bandeja de entrada de su correo electrónico. El chico envía a la papelera de reciclaje los tres que tienen como referencia: "Oferta de viaje a Mallorca", "Chicas sexys" y "Compra ahora a mitad de precio" El cuarto correo tiene como remitente a mizuki@tecnotec.tec. En el asunto se puede leer "Tus clases de japonés". Antonio abre el correo y ve una escueta respuesta que llama su atención.

"Buenos días, Antonio:

Podemos empezar las clases mañana lunes. Son gratis. No hablo bien español. Yo te ayudo, tú me ayudas. Ese es el pago.

Envía dirección. Dime hora para ir a casa y comenzar.

Mizuki"

El chico relee una y otra vez aquellas cinco líneas. Unas clases gratis son una oportunidad fantástica ahora que no trabaja. Además, si comienza mañana lunes, puede poner en el currículum que toma clases de japonés. Eso seguro que le hace ganar algunos puntos extra para obtener el trabajo.

Inmediatamente contesta a Mizuki. Antonio abandona el tratamiento de cortesía y cambia el usted por el tú, mucho más cercano y familiar.

"Hola, Mizuki:

Podemos vernos a las diez y media de la mañana en mi casa. Está en la calle Amapolas número 57 – 3º derecha. El portal está entre una panadería y una tienda de figuras de porcelana. La línea siete de autobús te deja muy cerca. No tienes pérdida.

Antonio."

El mensaje con forma de sobre vuela sobre la pantalla hacia su destino. Antonio permanece varios minutos sentado frente al ordenador. La bandeja de entrada no muestra correos nuevos. Antes de hacer la comida revisa sus mensajes desde la aplicación del móvil, nada. Después de comer, levanta la tapa del ordenador portátil y observa la carpeta de mensajes recibidos, muda. Antes de salir hacia el cine para encontrarse con Luis y Julia, vuelve a revisar su correo, silencio.

Ya son las siete de la tarde. Si se da prisa aún alcanza a coger el metro que le lleva hasta el cine Paraíso. Entonces lo oye, un aviso en el móvil anuncia la entrada de un nuevo mensaje. Se apresura a meter la mano en el bolsillo del pantalón y sacar su teléfono. Allí está, es la contestación de Mizuki.

Mientras cierra la puerta de casa dando un portazo y pulsa el botón de llamada del ascensor, Antonio lee la respuesta.

"Ok. Espérame a las diez y media."

Escueta, como siempre. La confirmación de Mizuki le hace temblar un poco. El inicio de esta relación le resulta excitante.

Antonio baja en el ascensor y sin darse cuenta silba una melodía. Está contento y convencido de que algo bueno le va a pasar.

Resumen capítulo tres

Mizuki contesta el correo de Antonio. En él le dice que el lunes comienzan las clases. Las lecciones son gratis a cambio de que Antonio haga algo por ella. El chico se muestra conforme y envía a Mizuki la dirección de su casa por mail para verse al día siguiente. Después acude a la cita con Luis y Julia.

Chapter three summary

Mizuki replies Antonio's mail. She says the classes begin on Monday. The lessons are free but Antonio must do something for her. The boy agrees and sends Mizuki the address of his house by mail to meet the following day. After that he goes to the appointment with Luis and Julia.

Capítulo cuatro

Cuando Antonio llega por fin al cine Paraíso, Luis y Julia ya tienen tres entradas en la mano para ver "La verdad de la leyenda".

—Vamos, tardón. Las entradas no están numeradas y hay que coger un buen sitio —le dice Luis a modo de saludo mientras le da una palmada en la espalda.

—Lo siento chicos. Ya sabéis, el tráfico a estas horas es infernal —se excusa sin olvidar dar dos besos a Julia que le mira sonriente.

Los tres muchachos se adentran en la sala en la que se proyecta la película. Las filas de en medio están llenas y solo quedan sitios libres en los asientos de delante o los de atrás del todo. Deciden sentarse en las últimas filas.

—Mañana empiezo clases de japonés —dice Antonio.

—Vaya, ¿y esa obsesión por lo oriental? —pregunta Julia.

—Me viene bien para el trabajo. Cada vez piden más idiomas para mi especialidad —argumenta el chico.

—Y, ¿dónde vas a dar las clases? —se interesa Luis.

—En casa. Una chica da clases particulares, es nativa. Además da las clases gratis. Dice que no sabe español y que si yo le ayudo a ella, ella me enseña el idioma a mí.

—Huy, qué raro suena eso. ¿La conoces? —replica su amigo.

—No, no la conozco. Se anuncia en el periódico, con un mail. Mañana va a casa a las diez y media.

—¿No te parece un poco peligroso? —insiste Julia—. Lo que quiero decir es que no sabes si es un hombre o una mujer. Tampoco sabes si es un ladrón. O alguien que quiere hacerte daño.

—¡Oh, vamos! Veis demasiadas películas de intriga —rechaza de inmediato Antonio.

—Shhhhhhh —les manda callar una pareja que tienen sentada detrás.

La película comienza y en pantalla aparece una joven de ojos rasgados que monta en bicicleta. La chica pedalea bajo un arco formado por las flores blancas de los cerezos. Antonio deja volar la imaginación y trata de poner rostro a Mizuki. Está ansioso por conocerla. Se la imagina como una de esas figuras de porcelana que venden en la tienda de al lado de su casa. La piel blanca. Los ojos negros. Los labios finos. La mirada esquiva. La cintura estrecha. Los pies pequeños. Mediana estatura. Morena de pelo. Mizuki ya es alguien real y conocido en la cabeza de Antonio.

Mientras, en la gran pantalla, la protagonista de la película continúa la búsqueda de su gran amor. Un soldado que lucha en la Segunda Guerra Mundial y al que la explosión de una granada le destroza el rostro. La actriz principal recorre todos los hospitales de la ciudad con la esperanza de encontrar al joven. En uno de los hospitales, Kozakura, nombre de la muchacha en la ficción, contrae una rara infección. Esta dolencia le afecta de manera grave a la vista. El médico que la trata se enamora de ella, pero Kozakura no puede olvidar a su verdadero amor, ese al que está atada por el hilo rojo que une a las almas gemelas. Finalmente Kozakura, prácticamente ciega, tiene que ser internada en una institución. Allí se encuentra con Yoshio. El joven tiene la cara deformada y es repudiado por ello. Kozakura, cuya enfermedad le impide ver aquellas horribles facciones, pasa sus dedos por el rostro del chico. A pesar de las cicatrices, reconoce en aquella cara angulosa la de su único amor. Yoshio ayuda a Kozakura a ver a través de sus ojos y, Kozakura, besa las heridas de Yoshio con el amor que solo dos almas gemelas conocen.

Resumen capítulo cuatro

Los tres amigos entran en el cine. Allí Antonio cuenta a Julia y a Luis que va a comenzar a dar clases de japonés. Cuando les cuenta que las lecciones son gratis y en su apartamento, y que la profesora es una desconocida, sus amigos temen que le pase algo malo. Él no opina lo mismo, no tiene por qué suceder nada. Comienza la película, habla de la leyenda del hilo rojo. Una joven japonesa va en busca de su novio. Él está desaparecido. Es soldado en la Segunda Guerra Mundial. Al parecer el chico tiene la cara desfigurada por la explosión de una granada. La joven lo busca por los hospitales con tan mala suerte que contrae una enfermedad infecciosa. Esta dolencia la deja prácticamente ciega. La chica debe ser ingresada en una institución sanitaria. Gracias al destino, es allí donde vuelve a encontrarse con su amado. Ella no puede ver sus cicatrices, pero reconoce al tacto el rostro anguloso del chico. Los dos aceptan sus infortunios y se aman con el amor que solo las almas gemelas conocen.

Chapter four summary

The three friends enter the cinema. There Antonio tells Julia and Luis that he is going to start learning Japanese. When he tells them that lessons are free and in his apartment, and the teacher is a stranger, his friends fear that something bad could happen to him. He does not think the same, nothing has to happen. The film begins, it talks about the legend of the red thread. A young Japanese woman looks for her boyfriend. He is missing. He is a soldier in Second World War. Apparently the boy has his face disfigured by the explosion of a hand-grenade. The young woman searches for hospitals with such bad luck that she gets an infectious disease. This ailment leaves her practically blind. The girl must be hospitalized in a health institution. Thanks to destiny, it is there where she meets her beloved again. She cannot see his scars, but she recognizes the boy's angular face to the touch. Both of them accept their misfortunes and love each other with the love that only the twin souls know.

Capítulo cinco

—Creo que tengo una subida de azúcar —comenta Luis al salir del cine. —Menudo pastel de historia.

—Qué poco romántico eres —replica Julia algo molesta—. Es una película preciosa.

—¿Vosotros no creéis en el destino? ¿Que dan igual las decisiones que tomamos, porque nuestros pasos ya están escritos? —reflexiona Antonio.

—Madre mía, Antonio. Desde que te atrae lo oriental, estás muy filosófico. Y ahora, por cierto, vuelvo a lo de las clases de japonés, tengo que decirte que no me parece una buena idea.

—Vamos, Luis, ¿por qué dices eso? —pregunta Antonio incómodo por el comentario de su amigo.

—No sabes nada de esa chica, la vas a meter en tu casa, las clases son gratis. No puedes negar que todo es muy raro. Además, tengo un mal presentimiento —insiste Luis.

—Pues yo tengo un buen presentimiento —replica el chico sin esconder su enfado.

—Venga chicos, tengamos la fiesta en paz. Antonio tiene razón; estás sacando las cosas de quicio. No va a pasar nada malo mañana —dice Julia en actitud conciliadora.

—Como quieras, pero ten cuidado. Si quieres voy mañana a tu casa y me quedo contigo hasta que termine la clase —insiste el chico.

—Luis, en serio, te lo agradezco, pero no hace falta.

—Ok, ok, está bien. Espero no tener razón. Pero ten el teléfono cerca y ante cualquier sospecha, me llamas, ¿vale?

—Que sí, pesado. No te preocupes, que si veo que quién entra por la puerta lleva un rifle o tiene colmillos, te llamo para que vengas a salvarme.

—Muy bien, chicos. Y ahora que todos tenemos claro que mañana no va a pasar nada y que Antonio va a conocer a una japonesa guapísima y súper simpática, ¿podemos ir a tomar algo? —propone Julia mientras se coge del brazo de Luis y propina un pellizco cómplice a Antonio.

—Claro, es una excelente idea. Así todavía tengo tiempo para entender por qué a los dos os parece normal quedar con desconocidas.

—¡Oh, calla ya! —ordena la chica—. No sé dónde tenemos tú y yo ese hilo rojo que dice la leyenda que une a las almas gemelas. Yo creo que está roto o algo, porque a veces me sacas de mis casillas.

—Vaya, pues no dices lo mismo cuando te regalo un videojuego nuevo. Entonces sí que me quieres —contesta Luis.

—¡Pero qué cara más dura tienes! Siempre me haces regalos que, en realidad, quieres para ti —le reprocha la joven.

—Pues yo sí que creo en la leyenda, bueno, más bien en el destino. Mis hilos rojos son como tentáculos y, algún día, estoy seguro que voy a saber quién está al otro lado —confiesa Antonio.

Los tres jóvenes entran en el pub. Luis pide tres cervezas y bromea con Antonio sobre cómo decir tres cervezas en japonés. Todos ríen de buen grado con las ocurrencias.

—Sayonara, Antonio.

—Ja, ja, ja, sayonara, chicos —se despiden ya bien entrada la noche.

Antonio regresa a casa con un único deseo, escuchar cómo el reloj de la torre da la hora a las diez y media de la mañana.

Resumen capítulo cinco

Al salir del cine, Julia y Luis continúan preocupados por las clases de japonés de Antonio. Luis se ofrece a ir al apartamento de su amigo mientras dura la lección, para asegurarse de que nadie le hace ningún daño. Antonio está molesto con la actitud de Luis. Finalmente, los tres amigos toman algo en un bar y hacen las paces. Antonio regresa a casa con un único deseo, comenzar con las clases.

Chapter five summary

When they leave the cinema, Julia and Luis continue worried about Antonio's Japanese lessons. Luis offers himself to go to his friend's apartment, while the lesson lasts, to make sure no one hurts him. Antonio is annoyed because of Luis's attitude. Finally, the three friends have a drink in a bar and make peace. Antonio returns home with a single desire, to begin the lessons.

Capítulo seis

Por la mañana, Antonio quita el polvo, friega los platos, pasa el aspirador y hace la cama. Quiere causar una buena primera impresión a Mizuki. Ya ni se acuerda de llevar el currículum a la calle del Fresno.

A las diez y media en punto, el telefonillo del portal anuncia visita.

—¿Quién llama? —pregunta Antonio visiblemente nervioso.

—Soy Mizuki. Profesora de japonés —responde ella desde la calle.

—Sí, sí. Abro.

Antonio no suelta el telefonillo. Escucha a través del aparato. Intuye cómo Mizuki empuja el pomo para entrar y, después, el golpe que da la puerta al cerrarse le indica que la chica está a punto de montarse en el ascensor.

Siente que le tiemblan las piernas. Echa de nuevo un vistazo a la casa, todo está en orden. Se coloca frente al espejo y da un último toque al tupé que está tan de moda ahora entre los jóvenes. El ding-dong del timbre retumba en toda la casa. El corazón le bombea a toda prisa. Respira hondo y agarra con fuerza la manilla. Abre la puerta. Allí está Mizuki, una mujer con aspecto de muñeca de porcelana. Dos ojos negros enormes le miran fijamente. Su sonrisa, sincera, le tranquiliza. Aquella mujer apenas puede pesar más de cincuenta kilos, piensa Antonio. Contra todo pronóstico, Mizuki es alta, un metro con setenta centímetros, calcula. Lleva un vestido con el fondo color crema y un estampado de pájaros y flores. Es un vestido de una pieza, ajustado al talle, con escote en uve. En cierto modo, a Antonio le recuerda a un kimono. Calza unos zapatos de tacón estrecho, de unos siete centímetros. La melena, morena, le cae sobre los hombros. Lleva el pelo ondulado, producto de un largo tiempo de peinado, seguro.

—*Konichiwa* —pronuncia Mizuki a la vez que baja su cabeza y dobla la cintura, como una reverencia—.

¿Puedo pasar? —pregunta al ver que el muchacho no le invita a traspasar el umbral de la puerta.

—Sí, claro, claro, adelante. Perdona. Yo soy Antonio.

—Lo sé —dice la joven sin moverse de la entrada de la casa.

—Pasa, por favor. Este es el salón —le indica Antonio con la palma de su mano extendida en dirección a la estancia más grande de la casa—. Puedes dejar tus cosas sobre aquella mesa. ¿Quieres tomar algo? No sé, ¿un café, un té, agua, un refresco, un zumo?

—No, gracias, estoy bien.

—De acuerdo. Si te parece, nos sentamos aquí mismo. Hay espacio más que suficiente para tomar apuntes, hacer alguna actividad o bueno, tú me dices qué necesitas —dice de manera aturullada el joven.

—Habla despacio, por favor. Hace mucho que no hablo español —le pide a Antonio con una amplia sonrisa en la boca.

—¡Oh! Por supuesto, perdona. Y, ¿cómo es que das clases gratis? —dice mientras intenta vocalizar al máximo y hablar despacio—. Quiero decir que puedes cobrar por ellas. Vamos, que si es por trabajo que quieres perfeccionar tu español, o es porque te gusta el idioma. ¡Uf! Disculpa, ¿demasiadas preguntas? Soy muy indiscreto, lo siento.

Mizuki vuelve a sonreír al ver cómo Antonio se sonroja. El chico le parece adorable.

—Tranquilo. En Japón no hacemos tantas preguntas, pero conozco el carácter español. Por eso tú me vas a ayudar a encontrar a alguien.

—¿Cómo es eso de ayudarte a encontrar a alguien? —pregunta él intrigado.

—Todo a su tiempo. *Tabun ashita.* Tal vez mañana —traduce Mizuki.

—*Tabun ashita.* ¡Mi primera frase en japonés! —exclama él feliz.

Los dos jóvenes se sientan, uno frente al otro. Mizuki le habla de la lengua japonesa. Ella le explica que, a la hora de escribir, existen tres sistemas de escritura diferentes: hiragana, katakana y kanji. En la escuela se aprenden unos dos mil kanjis, aunque los profesores llegan a conocer hasta diez mil. Se usan en su mayoría para expresar conceptos. Le cuenta que los kanjis pueden tener diferente pronunciación o lectura, según el contexto en el que se utilizan o el lugar que ocupan en la oración

Antonio se siente transportado a otro mundo a través de las palabras de Mizuki. La hora y media de clase pasa en un suspiro. Cuando el reloj de la torre da las doce campanadas, ambos muchachos se levantan de sus sillas.

—¿Mañana nos vemos a la misma hora? —pregunta Antonio temeroso de no volverla a ver.

—Claro, tenemos un trato, ¿recuerdas? —dice Mizuki mientras retira con suavidad un mechón de pelo de su rostro.

—Sí, pero aún no sé en qué consiste mi parte del trato.

—Tienes los deberes sobre la mesa. *Ashita made*. Hasta mañana —se despide ella desde el rellano de la escalera.

—*Ashita made* —repite él en voz baja desde el otro lado de la puerta que ya está cerrada.

Resumen capítulo seis

Mizuki acude a casa de Antonio. Es una chica morena, delgada y alta que viste un vestido color crema con estampado de flores y pájaros. A Antonio le recuerda a los kimonos. Ella le explica que para pagar sus clases, él debe de ayudarle a encontrar a una persona. Después, Mizuki le enseña algunas frases y lo más básico del idioma japonés. Al terminar la clase, quedan en verse al día siguiente a la misma hora. La chica le dice a Antonio que le deja los deberes encima de la mesa.

Chapter six summary

Mizuki goes to Antonio's house. She is a dark-haired, thin and tall girl who wears a cream-colored dress with flowers and birds print. It reminds Antonio of kimonos. She explains him that to pay for her lessons, he must help her to find a person. Later, Mizuki teaches him some phrases and the most basic of the

Japanese language. At the end of the lesson, they agree to meet next day at the same time. The girl tells Antonio that she leaves his homework on the table.

Capítulo siete

El móvil vibra sobre la encimera de la cocina. Antonio ve que hay cuatro llamadas perdidas de su amigo Luis.

—¡Hola, Luis!

—¡Pero tío! ¿Cómo que hola? ¿Se puede saber dónde diablos estás? Julia y yo estamos súper preocupados, vamos camino de tu casa ahora mismo.

—¿Camino de mi casa? ¿Para qué?

—¿Cómo que para qué? Hoy una desconocida va a tu apartamento y tú no coges el teléfono. ¿No crees que es como para preocuparnos?

—¡Oh, vamos! Deja ya de decir esas cosas. Mizuki es un encanto y mañana vuelve a darme clase otra vez. Todo está bien.

—¿Un encanto dices? Mira, Julia y yo estamos cerca de tu casa. Vamos allí y nos lo cuentas, pero tío, la próxima vez coge el móvil a la primera.

—Te encanta hacer el papel de madre.

—Bueno, alguien tiene que cuidarte —dice Luis antes de colgar el teléfono.

Sobre la mesa hay un folio escrito a mano. Son los deberes para el día siguiente. Antonio les echa un vistazo. Allí está la clave de los honorarios que va a tener que pagar por las clases. El chico lee sobre el papel: *"Quiero encontrar a mi madre, no puedo hacerlo sola. Necesito tu ayuda. No olvides practicar los kanjis".*

El telefonillo del portal vuelve a sonar por segunda vez esa mañana. Deben de ser Julia y Luis. La insistencia en la llamada le confirma que, sin duda, son ellos.

—¿Quién llama?

—¡Nosotros! —exclama Luis con impaciencia.

—Abro.

Antonio les espera en la entrada de su piso con la puerta abierta. Julia tiene cara de circunstancias y Luis aún parece algo enojado.

—Qué, ¿estás contento? —pregunta Luis visiblemente enfadado.

—No exageres, Luis. La verdad, no sé por qué armas tanto jaleo.

—Yo le digo siempre lo mismo —interviene Julia.

—Sí, eso, tú defiéndelo —dice Luis cada vez más alterado—. Siempre te pones de su parte.

—Venga, tranquilo. No la tomes con la pobre Julia, que solo trata de suavizar las cosas —la defiende Antonio.

—No, si al final el malo de la película soy yo.

—Nadie dice eso, Luis. Venga, ¿queréis una cerveza? Y así os cuento cosas sobre mi nueva profesora de japonés.

—Sí, sí. Saca unas cervezas. Estoy impaciente por escuchar lo que nos tienes que contar —dice Julia mientras acompaña a Antonio a la cocina.

Los tres chicos se reúnen en el salón. Tras un par de cervezas, los ánimos están más calmados. Antonio les describe a Mizuki y les cuenta lo interesante que es la escritura japonesa, pero no les habla de la nota. El joven siente que es un secreto entre Mizuki y él, y no quiere traicionar la confianza que ella parece tener en Antonio.

Resumen capítulo siete

Luis trata de localizar a Antonio. Está preocupado porque no consigue hablar con su amigo por teléfono. Él y Julia deciden ir a casa de Antonio para comprobar que el muchacho está bien. Antes de nada, Antonio lee la nota de Mizuki. Ahí la chica le explica que tiene que ayudarle a encontrar a su madre. De momento no dice nada más. Cuando Luis y Julia llegan, Luis está enfadado y Antonio se muestra molesto por la desconfianza de su amigo. Antonio no les cuenta nada de la nota. Al final se toman unas cervezas para calmar los ánimos y Antonio les cuenta cómo es Mizuki y cuánto le gusta estudiar el japonés.

Chapter seven summary

Luis tries to locate Antonio. He is worried because he cannot talk to his friend on the phone. He and Julia decide to go to Antonio's house to check the boy is okay. First of all, Antonio reads Mizuki's note. There the girl explains him he has to help her to find her mother. For the moment, she does not say anything more. When Luis and Julia arrive, Luis is angry and Antonio is annoyed because of the distrust of his friend. Antonio does not tell them anything about the note. In the end they have some beers to calm down their mood and Antonio tells them how Mizuki is and how much he likes to study Japanese.

Capítulo ocho

Al día siguiente, Antonio está listo para tomar otra clase de japonés. Lleva puesto el pantalón de las ocasiones especiales, como la Noche Vieja o una boda. Ponerse corbata le parece excesivo. Viste una sencilla camisa blanca y un cinturón de Hermés, regalo de cumpleaños de Julia y Luis.

A las diez y media en punto suena el telefonillo. El joven espera con la puerta de la casa abierta. Ella sale del ascensor ataviada con un vestido negro que se ajusta a la perfección a su cuerpo. Le llega justo por debajo de la rodilla, lo que hace que Mizuki parezca incluso más alta de lo que es. El cuello mao le da el toque oriental y los zapatos de tacón hacen que su cadera se mueva de una manera muy sensual.

—*Konichiwa* —saluda Antonio.

—*Konichiwa* —contesta ella con una amplia sonrisa en su cara.

—¿Quieres tomar algo?

—*Ie. Arigato*. No. Gracias —traduce Mizuki.

—De acuerdo. Entonces, ¿empezamos? —sugiere el chico mientras se aproxima a la mesa y coge unos folios llenos de símbolos—. Mira, mis prácticas con los kanjis.

—Muy bien. Están perfectos —comprueba ella satisfecha.

Durante la siguiente hora y media, los dos muchachos están concentrados en la clase. Ninguno de ellos menciona la nota. En el reloj, las agujas se juntan para dar las doce. Es hora de terminar la lección.

—Mizuki, la nota de ayer, acerca de tu madre…

—Todo a su tiempo, Antonio, a su tiempo —le interrumpe.

—Pero, si tengo que ayudarte…

—Sayonara —dice ella antes de cerrar la puerta tras de sí.

—Sayonara —susurra al aire.

De manera inmediata se dirige a la mesa. Ahí está la nota de hoy. Mizuki escribe con un trazo fino y delicado, como un reflejo de sí misma: *"Mañana te explico. Hoy tienes que averiguar por qué ya no existe el restaurante Akai ito–Queen sushi. Debes preguntar por su dueña. Ahora, por favor, tira la nota a la basura".*

El móvil suena justo en ese momento. Es Luis. Antonio no quiere volver a escuchar sus reproches. Cuelga la llamada y le envía un WhatsApp: *"La clase perfecta. Estoy en una entrevista de trabajo. Hablamos más tarde".*

El chico apaga el teléfono y se sienta frente al ordenador. No quiere que nadie le moleste. Teclea en el buscador el nombre del restaurante. Allí aparece un número de teléfono, el 9153792 y una dirección. El restaurante está en la calle Maravillas número cinco, no muy lejos de su casa. El muchacho decide llamar a través del teléfono fijo y preguntar por la dueña. Marca el nueve uno cinco tres siete nueve dos y un sonido de llamada le indica que la comunicación está en curso.

—¿Sí, dígame?

—Hola, buenos días —saluda Antonio educadamente—. ¿Es el restaurante Akai ito?

—Oye, ¡ya está bien! No me llames más, hace un año que este teléfono pertenece a un particular. Esto no es ningún restaurante. Voy a tener que poner una denuncia en la policía —le indica la furiosa mujer antes de colgar.

El muchacho mira el auricular con perplejidad. Al parecer la información de internet es errónea. Antonio comprende el enfado de la mujer. Debe de recibir muchas llamadas para preguntar por el restaurante.

Lo mejor es acercarse hasta la calle Maravillas. Tan solo está a un par de paradas de autobús. Coge la cazadora del armario, el móvil que aún está apagado, la cartera, las llaves de casa y se dirige hacia allí.

Resumen capítulo ocho

La mañana siguiente, Antonio recibe a Mizuki muy elegante. Ella también está muy guapa con un vestido de cuello mao que le llega justo por debajo de la rodilla. Dan la clase y ninguno de los dos menciona la nota. Cuando el reloj de la torre por fin da las doce campanadas, entonces Antonio pregunta a Mizuki por su madre. Ella se va sin dar respuestas a sus preguntas. La chica deja una nueva nota sobre la mesa. En el papel puede leer que tiene que averiguar por qué ya no existe el restaurante Akai ito–Queen sushi. Además le indica que debe preguntar por la dueña del restaurante. Luis llama a Antonio al teléfono. Este le cuelga y le envía un mensaje donde miente a su amigo al decirle que está en una entrevista de trabajo y que no puede hablar. No quiere que Luis le moleste con sus sospechas. Antonio busca el número de teléfono del restaurante en internet. Llama al número que allí aparece, pero es erróneo. Decide que lo mejor es ir personalmente hasta el local.

Chapter eight summary

Next morning, Antonio receives Mizuki very elegant. She is also very pretty in a mao-collar dress that comes just below her knee. They give the lesson and none of them mention the note. When the tower clock finally gives the twelve bells, then Antonio asks Mizuki about her mother. She leaves without giving answers to his questions. The girl leaves a new note on the table. On paper he can read that he has to find out why the Akai ito-Queen sushi restaurant does no longer exist. She also tells him to ask about the owner of the restaurant. Luis calls Antonio on the phone. He hangs up and sends Luis a message where he lies to his friend telling him that he is in a job interview and he cannot talk. He does not want Luis to bother him with his suspicions. Antonio looks for the phone number of the restaurant on the internet. He calls the number that appears there, but it is wrong. He decides that the best option is to go personally to the stablishment.

Capítulo nueve

La calle Maravillas es una avenida larga y con mucho tráfico. Cuando Antonio baja del autobús, cruza la carretera para colocarse en la acera de los números impares. Está a la altura del número once, da unos pasos y ve que el siguiente edificio es el número nueve. Va en la dirección correcta. Poco después aparece el siete y, al fin, el portal con el cinco. Ahí solo hay un local abandonado. Los cristales están llenos de carteles pegados con anuncios de conciertos de fechas pasadas. Imposible ver el interior. Da la sensación de que hace mucho tiempo que nadie pasa por allí.

Una mujer sale del portal contiguo, el número tres.

—Buenos días, perdone que le moleste. ¿Es este el local del restaurante Akai ito?

Ella le observa con sorpresa. Hace ya mucho tiempo que ese restaurante no existe.

—Sí, en efecto. Pero hace ya más de un año que está vacío. Por lo del incendio.

—Disculpe, ¿lo del incendio?

—Ya solo hay cenizas. Si no es por la rápida actuación de los bomberos, hoy no estoy hablando contigo, joven.

—¿Conoce a la dueña? —pregunta Antonio al recordar las instrucciones de Mizuki.

—¿A Susi? Sí, claro. Pobre, después de tanto luchar y trabajar —dice la mujer en tono triste.

—¿No está viva? —pregunta el chico con temor a la respuesta.

—Sí, sí. Pero, ¿por qué quieres saberlo?

—Tengo que darle un mensaje. ¿Sabe dónde puedo encontrarla? —interroga Antonio a la mujer.

Ella le mira de arriba abajo. Tanta pregunta le hace sospechar de ese muchacho que muestra tan repentino y desmedido interés por Susi.

—Lo siento, no puedo darte esa información. Lo lamento, pero tengo que irme —contesta.

—Espere un momento, por favor. De verdad que es un asunto muy importante.

—Habla con la asistente social. No puedo decirte nada más —dice la mujer antes de dar media vuelta y continuar su camino.

—¡Gracias! —grita Antonio en mitad de la calle.

El chico no sabe qué hacer. Allí poca información más puede sacar. Recuerda que Jaime, un amigo del colegio, trabaja como asistente social. La asociación a la que pertenece está al otro lado de la ciudad. Antonio se dirige hacia el metro para ir a visitarle. Tiene la esperanza de que Jaime pueda darle razón del paradero de la dueña del restaurante.

Al llegar a la asociación, ve a Jaime que está en la puerta. El muchacho fuma un cigarro junto a otro compañero con el que mantiene una animada charla.

—¡Jaime!

—¡Hombre, Antonio! ¿Cómo estás? ¿Qué es de tu vida? —pregunta Jaime a la vez que estrecha con fuerza la mano de Antonio.

—Pues, la verdad es que quiero hablar contigo.

—Por supuesto. Vamos dentro, en mi despacho estamos más cómodos.

La oficina tiene un mobiliario modesto, sin muchos lujos. El despacho de Jaime es igual, unas baldas, un escritorio algo estropeado, un par de sillas y una mesa para reuniones son todos los muebles que ocupan el pequeño espacio.

—Muy bien, dime, Antonio ¿qué te trae por aquí?

—Es un asunto algo delicado.

—Tranquilo, aquí tratamos asuntos delicados todos los días, te lo aseguro —le tranquiliza Jaime.

—Busco a una persona. Al parecer es la dueña de un restaurante japonés, el Akai ito. Pero el local ya no existe. Me dicen que tengo que preguntar en asuntos sociales. ¿Puedes ayudarme a encontrarla? Es importante.

—Ajá, creo que conozco ese caso, el del incendio —responde con aire circunspecto.

—¡Sí, ese es! —exclama Antonio—. Entonces, ¿sabes dónde está ella ahora?

—Si me das un par de días, hago unas llamadas a ver si me entero de algo.

—Por supuesto. Te lo agradezco, Jaime.

—Dame algún dato de la mujer, el nombre y sus apellidos, por ejemplo —solicita el chico mientras coge un boli y un papel para apuntar los detalles.

—Ejem —carraspea Antonio—. Seguro que te parece raro, pero no sé sus apellidos. El nombre creo que es Susi.

Jaime lo mira sin poder ocultar su sorpresa. El chico deja el bolígrafo sobre la mesa, se quita las gafas y ladea un poco la cabeza. Fija la mirada en los ojos azules de Antonio e intenta comprender.

—Si no sabes ni cuál es su nombre ¿por qué la buscas?

—Es una larga historia, pero te juro que es por una buena causa. Tú me conoces, Jaime.

—Me fio de tu palabra, pero entiende que esto es algo bastante irregular. Espero no acabar metido en algún lio.

—Te doy mi palabra, Jaime.

—De acuerdo, te llamo cuando tenga alguna información.

—Muchas gracias. Tenemos que comer juntos un día de estos —se ofrece Antonio.

—Cuando quieras.

Ambos amigos se despiden con un abrazo. Antonio regresa a casa contento con la investigación.

Al llegar al apartamento, relee la nota de Mizuki. Instantes después, la tira a la basura.

Resumen capítulo nueve

Antonio va al restaurante Akai-ito. El local está abandonado. Una mujer sale de un portal cercano y el chico le pregunta por el mal estado del restaurante. Ella le habla de un incendio. La mujer conoce a la dueña del establecimiento, dice que se llama Susi. Lamenta no poder darle más datos. Le propone acudir a asuntos sociales para averiguar algo más. Antonio recuerda que su amigo Jaime es asistente social. Decide ir a visitarle. Jaime promete que va a hacer un par de llamadas para conseguir alguna información sobre el paradero de Susi.

Chapter nine summary

Antonio goes to the Akai-ito restaurant. The stablishment is abandoned. A woman comes out of a nearby entrance hall and the boy asks her about the bad condition of the restaurant. She tells him about a fire. The woman kwows the owner of the establishment, she says her name is Susi. She regrets not being able to give him more details. She proposes Antonio to go to social issues to find out something more. Antonio remembers that his friend Jaime is a social worker. He decides to visit him. Jaime promises that he will make a couple of phone calls to get some information about Susi's whereabouts.

Capítulo diez

Falta un minuto para las diez y media de la mañana. Antonio mira el segundero del reloj y hace una cuenta atrás. Cinco, cuatro, tres, dos, uno. Puntual, como siempre, Mizuki llama al telefonillo.

Nada más abrir la puerta, Antonio se dispone a contar a Mizuki sus averiguaciones.

—¡Tengo buenas noticias!

—Buenos días, Antonio. ¿Cómo estás?

—Disculpa, Mizuki. Nunca me acuerdo de la buena educación japonesa, ja, ja, ja. Buenos días. Estoy muy bien ¿y tú?

—Muy bien, gracias.

—Perfecto, pues te cuento mis averiguaciones de ayer —dice el chico que da muestras de un gran nerviosismo.

—Ahora, estudiamos. Después, hablamos —responde ella tranquila.

—¿Cómo? ¿No te interesa conocer lo que sé?

—Claro que sí. Pero ahora es hora de clase.

Durante la hora y media siguiente, ambos se entregan al estudio de la lengua materna de Mizuki. Las campanas de la torre por fin anuncian las doce.

—Bueno, ¿puedo ya contarte todo? —pregunta ansioso Antonio—. Quiero que sepas que estoy sobre la pista para encontrar a tu madre.

—¿Y cómo es eso? Dime lo que sabes, pero despacio, para que pueda entenderte.

—El restaurante no existe, pero creo que eso ya lo sabes —relata el muchacho—. Está todo quemado, y ahora hay carteles publicitarios pegados en los cristales, el local está abandonado. La dueña, Susi, vamos, tu madre, está en alguna residencia, supongo. Tengo un amigo, su nombre es Jaime, que es asistente social y va a averiguar dónde está ella ahora mismo. Me tiene que llamar por teléfono en un par de días.

Mizuki le observa con una mirada tierna. Pero no despega los labios para pronunciar una sola palabra.

—Si no te importa, tengo que hacerte una pregunta —la curiosidad de Antonio le obliga a interrogar a Mizuki—. ¿Por qué buscas a tu madre? Quiero decir, ¿no tienes contacto con ella?

La expresión en la cara de la joven hace que Antonio se arrepienta al instante de su pregunta.

—Debo irme —dice Mizuki.

—Lo lamento, no quiero incomodarte con mis preguntas, no es necesario que contestes.

—No es eso. Es que no sé si estoy preparada para hablar de ello. Los japoneses somos muy pudorosos con nuestra intimidad. Por eso lo de las notas. Nos es difícil pedir favores o mostrar sentimientos.

—No te preocupes. Yo voy a continuar con la búsqueda. No hace falta que me cuentes nada. De verdad.

—Hace más de un año que no sé nada de ella. Ya no me escribe cartas. No contesta los mails. No coge el teléfono. Por eso la busco. Yo vivo en Kioto y sé un poco de español, pero no lo suficiente para preguntar y poder encontrarla. La policía no me ayuda, ellos dicen que es una adulta y puede querer no ser localizada. Hay que presentar pruebas de algún delito, o secuestro, o algo. Pero no tengo ninguna prueba.

—Tranquila, la vamos a encontrar.

—*Hai, mochiron*. Por supuesto —dice ella mientras roza deliberadamente la mano de Antonio con la suya.

—*Mochiron* —repite él mientras la acompaña hasta la puerta.

Resumen capítulo diez

Otro día más Mizuki llega puntual a casa de Antonio, como siempre. Antonio quiere contarle sus averiguaciones, pero Mizuki le dice que primero son las clases. Durante la hora y media siguiente estudian juntos japonés. Cuando el reloj marca las doce, Antonio desvela a Mizuki que su amigo Jaime va a buscar a su madre. El chico tiene curiosidad por saber por qué Mizuki pierde el contacto con su madre. Ella parece incómoda con la pregunta, pero responde que hace un año que no le contesta al teléfono, al mail o le escribe cartas. Mizuki vive en Kioto y habla poco español, por eso pide la ayuda de Antonio para lograr encontrar a Susi.

Chapter ten summary

One more day Mizuki arrives on time at Antonio's house, as usual. Antonio wants to tell her his inquiries, but Mizuki tells him that lessons are first.

During the next hour and a half they study Japanese together. When the clock strikes twelve, Antonio reveals Mizuki that his friend Jaime is going to look for her mother. The boy is curious about knowing why Mizuki loses contact with her mother. She seems uncomfortable with the question, but she answers that her mother has not answered the phone, the mail or has written letters for a year. Mizuki lives in Kyoto and she speaks little Spanish, so she asks Antonio for help to find Susi.

Capítulo once

El chico no deja de pensar en la historia de Mizuki y su madre. Él sabe muy bien lo que es vivir lejos del calor de un hogar. En el orfanato nadie recibe el cariño de unos padres. Si no tienes la fortuna de ser adoptado pronto, te pasas la vida de casa de acogida en casa de acogida. Y eso, a Antonio, aún le quema por dentro.

Esa misma tarde el chico recibe un WhatsApp de su amigo Jaime.

Jaime: ¡Hola! Tengo noticias. ¿Puedes pasarte por la oficina?

Antonio tarda solo dos segundos en ponerse su cazadora de cuero y salir a toda velocidad hacia allí.

En el autobús, manda un mensaje de respuesta.

Antonio: Voy para allá. En un cuarto de hora llego.

Hoy parece que todos los semáforos se confabulan para ponerse en rojo. El viaje es eterno. El cartel luminoso del autobús indica *"Próxima parada: Maravillas"* El autobús pasa justo por delante del devastado restaurante. Uno de los carteles pegados en el cristal anuncia la película "La verdad de la leyenda" y Antonio hace una nota mental para acordarse de preguntar a Mizuki por la leyenda del hilo rojo.

El autobús llega por fin a su destino. Jaime le espera en su despacho.

—Hola, Antonio. Toma asiento.

—Gracias. ¿Qué noticias nuevas tienes?

—Sé que el nombre de la mujer que buscas no es Susi. Los clientes la llaman así por la comida japonesa, el sushi, y por el nombre del restaurante "Queen sushi". Su nombre verdadero es Hikaru Tanaka. Esta es la dirección de una residencia para personas con necesidades especiales —dice Jaime al acercar una nota manuscrita a la mano de Antonio—. Allí te pueden decir algo más. La información es confidencial y mis búsquedas en la intranet dejan una huella digital.

—No te preocupes. Esto es suficiente para poder tirar del hilo. No quiero que te arriesgues más.

—Te deseo mucha suerte.

—Muchas gracias, amigo —agradece Antonio antes de salir a la calle—. ¡Te debo una!

Al salir de la asociación, el chico echa un vistazo a la nota. Decide andar calle arriba hasta llegar a la residencia. Veinte minutos después se encuentra frente a un edificio blanco con barrotes en las ventanas. Un cartel indica que ahí está la residencia "El descanso". Antonio llama al timbre, tardan una eternidad en contestar.

—¿Quién es? —dice una voz.

—Hola, mi nombre es Antonio Rodríguez, quiero hablar con la encargada.

—¿Es familiar de algún interno?

—No exactamente. Pero busco a una persona que es una paciente.

—Abro. Suba, por favor.

La puerta se abre y alguien envía el ascensor a la planta baja. Antonio se introduce en el elevador y, de manera automática, sube a la primera planta. En el interior del ascensor no hay botones, tan solo un marcador digital que indica el piso en el que se encuentra.

El sonido de una campanilla avisa de que una persona espera en el recibidor. Una mujer con el pelo recogido en un moño y vestida con un uniforme blanco abre una compuerta que permanece cerrada con llave.

—Soy Sofía Lérida. Soy la encargada de la institución —se presenta ella.

—Encantado de conocerla, Sofía. Yo soy Antonio Rodríguez, busco a una persona. Se trata de Hikaru Tanaka.

—¿Tiene alguna relación familiar con ella?

—No directamente. Su hija, que vive en Kioto, quiere que la encuentre. Está preocupada, hace tiempo que no tiene noticias.

—Ya. Pero está prohibido dar ese tipo de información. Lo lamento —dice la mujer mientras acompaña su negativa con un leve movimiento de cabeza.

—Se lo ruego. Ella es japonesa, no se maneja bien con el idioma. No puede realizar esta búsqueda sin mi ayuda y está desesperada —dramatiza Antonio en un intento de ablandar el corazón de la encargada.

Al parecer la cara de súplica del muchacho hace su efecto. Sofía Lérida coge del brazo al chico y lo lleva a un rincón. Con un tono de voz casi imperceptible le da un dato.

—Susi ya no está aquí. Hace cuatro meses que vive en casa de una colaboradora de la asociación. Tiene Alzheimer, avanza muy rápido. El incendio del restaurante, ya sabe, un despiste…

—¿Se refiere al incendio? ¿La enfermedad es la causa del fuego? —pregunta Antonio.

—Sí, así es. No puedo darle más datos. Solo puedo informar a familiares directos —dice ella a la vez que señala el interior del ascensor en una invitación a despedirse.

—Gracias, me sirve para tirar del hilo.

—Buena suerte.

En el camino de vuelta a casa Antonio no puede dejar de pensar en cómo decir a Mizuki que tiene dos noticias. Una buena y una mala. La buena noticia es que está muy cerca de encontrar a su madre, la mala, es terrible, tiene Alzheimer.

Resumen capítulo once

Antonio no puede dejar de pensar en Mizuki y Susi. Él sabe muy bien cómo se siente la joven. Antonio es adoptado, sabe lo que es la falta del calor de una madre. Jaime le manda un WhatsApp para verse. Tiene nuevos datos. Cuando Antonio acude a la asociación, su amigo le dice que Susi se llama en realidad Hikaru Tanaka. La madre de Mizuki vive ahora en una residencia para personas con necesidades especiales. El muchacho se dirige a esa residencia, pero descubre que Hikaru ya no está allí. Ahora está en casa de una colaboradora de la asociación. También averigua que Hikaru tiene Alzheimer.

Chapter eleven summary

Antonio cannot stop thinking about Mizuki and Susi. He knows very well how she feels. Antonio is adopted, he knows what a mother's lack of warmth is.

Jaime sends him a WhatsApp to meet. He has news. When Antonio goes to the association, his friend tells him that Susi's real name is Hikaru Tanaka. Mizuki's mother now lives in a home for people with special needs. The boy goes to that residence, but he discovers that Hikaru is no longer there. She is now at a helper of the association's home. He also finds out that Hikaru has Alzheimer's.

Capítulo doce

Por la noche Antonio no puede dormir. Se levanta de la cama pronto y prepara el desayuno. Se mira al espejo y se siente triste. Está muy afectado por el asunto de la madre de Mizuki.

A las diez y veinticinco minutos, el chico se sienta en la mesa de trabajo, hoy no tiene ganas de estudiar japonés. Escucha el reloj de la torre. Ya son las diez y media. El telefonillo no suena. Coge su cuaderno de kanjis y trata de distraerse, pero no lo logra.

Las once menos cuarto. Esto no es propio de Mizuki. Enciende el ordenador y busca un mail, algo que le dé una señal. Nada.

El muchacho se entretiene en repasar algunas frases en japonés. El reloj vuelve a dar las campanadas. Las cuenta de una en una, son once. Se coloca en el escritorio y escribe un mail.

"Buenos días, Mizuki:

Estoy preocupado. ¿Está todo bien? Espero que sí.

Tengo una pista sobre tu madre. La dueña de la residencia "El descanso" dice que Hikaru está en casa de una mujer que colabora con ellos. Al parecer tu madre está delicada de salud.

¿Nos vemos mañana?

Antonio."

Tras mandar el mail, el muchacho coge la cazadora que está en el respaldo de la silla, se la pone y sale a la calle. Con paso rápido, Antonio se dirige a la asociación de su amigo Jaime. Él es el único que le puede dar las coordenadas para encontrar a Susi, bueno, a Hikaru.

—¡Hola, Jaime! —saluda Antonio al entrar en el despacho—. ¿Puedo pasar?

—Por supuesto, adelante.

—Mira, Jaime, sé que esto te pone en una situación comprometida, pero es importante. Necesito que me des un nombre, por favor —dice en tono de súplica.

—Si está en mi mano, no tengo ningún problema en ayudarte.

—Gracias, Jaime, de verdad. Me urge saber el nombre de una colaboradora que tutela a personas con enfermedades como el Alzheimer en su casa.

—Darte esa información no es tan fácil.

—Lo sé, Jaime, créeme que lo sé —afirma Antonio con ojos implorantes.

El asistente social abre uno de los cajones y saca unas cuantas tarjetas de visita. Aparta tres de todo el montón y las sostiene en su mano.

—Espera aquí, voy a hacer una fotocopia.

—De acuerdo —contesta Antonio.

A los pocos minutos, Jaime vuelve a entrar con una hoja de papel en la que se pueden leer las tres tarjetas.

—Hay tres mujeres que ofrecen su casa para tutelar a personas con necesidades especiales. El resto son hombres.

—Perfecto, eso reduce la búsqueda a tan solo tres personas. No sé cómo pagarte este favor.

—Yo sí lo sé. Invítame un día a cenar a tu casa y preséntame a esa chica que provoca este efecto en ti —le dice mientras guiña el ojo.

—¡Oh! No es lo que tú crees —replica Antonio avergonzado.

—¿Seguro?

—Sí, seguro. ¡Gracias! Por cierto, lo de la cena me lo apunto.

—Te tomo la palabra.

Antonio sale corriendo de la oficina. Quiere llegar a casa cuanto antes para realizar esas llamadas con calma. En el camino consulta su buzón de correo electrónico, no hay respuesta alguna de Mizuki.

Al llegar al portal, el chico sube de tres en tres las escaleras. Casi sin resuello mete la llave en la cerradura y abre la puerta. Se quita la cazadora y la tira sobre el sofá. Busca en su bolsillo el papel que le ha dado Jaime con los nombres, las direcciones y los números de teléfono de esas tres personas. Con el móvil en la mano, decide hacer las llamadas por orden alfabético, primero Amaya, luego Pilar y por último Sandra.

Por un momento su pensamiento se desvía hacia Mizuki. No le parece justo que ella no sepa lo que sucede. Vuelve a ponerse delante del ordenador y escribe una breve nota:

"Mizuki:

Continúo preocupado. ¿Dónde estás?

Tengo los nombres de tres personas. Con una de ellas vive tu madre.

Por favor, da señales de vida.

Antonio."

Resumen capítulo doce

Durante la mañana siguiente Antonio espera a Mizuki, pero esta no aparece. El chico está preocupado, envía un correo electrónico a la joven antes de salir hacia la asociación para ver a Jaime. En el correo le cuenta que tiene una pista. Antonio pone al día a Jaime sobre las averiguaciones del día anterior. Le dice que necesita su ayuda. Sabe que continuar con la investigación pone en una situación comprometida a Jaime. Finalmente su amigo accede a darle los nombres de tres personas que pueden tener a Hikaru en su casa. Antonio regresa al apartamento para hacer esas tres llamadas y así encontrar a la madre de Mizuki. La chica continúa sin dar señales de vida, Antonio le envía otro correo en el que le cuenta sus nuevos descubrimientos.

Chapter twelve summary

During the following morning Antonio waits for Mizuki, but she does not appear. The boy is worried, he sends an email to the girl before leaving to the association to meet Jaime. In the mail he tells her that he has a clue. Antonio updates Jaime on the inquiries of the previous day. He says he needs his help. He knows that continuing with the investigation puts Jaime in a risky situation. Finally, his friend agrees to give him three names of people who may have Hikaru in their houses. Antonio returns to the apartment to make those three calls and thus find Mizuki's mother. The girl does not still show signs of life, Antonio sends another mail in which he tells her about his new discoveries.

Capítulo trece

El tono de llamada suena lejano. Al otro lado del hilo telefónico alguien descuelga el auricular.

—Sí, ¿dígame?

—Hola, ¿eres Amaya?

—Sí, soy yo. ¿Quién llama?

—Soy familiar de Hikaru —miente el joven para hacer más creíble su petición.

—Creo que te has confundido, aquí no vive nadie con ese nombre.

—Ella es japonesa. Tiene Alzheimer. ¿No la recuerdas? —presiona Antonio a la mujer para sacar alguna información.

—Y, ¿quién dices que eres tú? —pregunta ella recelosa.

—Soy un familiar. Su hija la busca —contesta el chico sin querer dar muchas explicaciones.

— Sí, la recuerdo, pero no está aquí.

—Entonces, ¿no está ahí? —insiste Antonio.

—No, aquí no. Pero sé quién es y sé dónde está. Vive en casa de Sandra Berriz. Lamento no poder ayudarte más, no me permiten facilitar números privados de mis compañeras —se disculpa.

—No te preocupes, tranquila. Gracias por todo, Amaya —se despide él de forma apresurada.

El joven tiene prisa por realizar la segunda llamada. Tacha los nombres de Amaya y de Pilar en la fotocopia y hace un círculo alrededor de los datos de Sandra Berriz. Antonio coge aire profundamente y lo exhala antes de marcar el número de teléfono. Una voz juvenil contesta al otro lado de la línea.

—¿Quién es?

—¿Sandra? —dice él.

—Sí. ¿Quién eres?

—Hola, tú no me conoces, soy Antonio. Llamo de parte de la hija de Susi o de Hikaru, ¿sabes de quién te hablo? —pregunta el chico.

—¡Ah, sí! Hola, Antonio.

La actitud de la chica sorprende a Antonio. La forma de hablar es como la de alguien que está sentada a la espera de esa llamada.

—¿Me conoces? —se asombra Antonio.

—Bueno, más o menos, Mizuki dijo que llamarías. ¿Quieres pasar por aquí y hablamos mejor? Además tengo una carta de ella para darte.

El muchacho intenta asimilar lo que acaba de escuchar. Debe ser un sueño.

—A ver si me entero —comenta a la vez que se frota los ojos para espantar lo raro de la situación—. ¿Dices que ahí hay una carta de Mizuki para mí?

—En efecto.

—Y, ¿Susi está contigo?

—No. Hoy mismo Susi y su hija vuelan hacia Kioto. De hecho, ahora deben de estar en el aeropuerto. Sin duda alguna, donde mejor está una madre es junto a su hija.

—Perdona, estoy en shock. Todo esto es, no sé cómo explicarlo, es muy raro. ¿Desde cuándo sabe Mizuki que su madre está en tu casa? E irse así, sin despedirse. Tan de repente. No parece propio de ella —reflexiona Antonio, aunque también piensa que, en realidad, apenas conoce a Mizuki.

—Tal vez en este sobre están las respuestas a tus dudas —dice la chica.

—Tengo la dirección, en media hora estoy allí— anuncia antes de colgar el teléfono.

Resumen capítulo trece

Antonio decide hacer las tres llamadas por orden alfabético. Primero telefonea a Amaya. La chica le dice que allí no se encuentra Susi, pero le informa de que está con Sandra Berriz. Amaya le dice que no le puede dar más datos. Antonio agradece la información. El chico piensa que ya no es necesario llamar a Pilar, así que se comunica directamente con Sandra. Esta está esperando su llamada. Tiene una carta de Mizuki para él. Sandra le invita a ir a su casa para darle la misiva. Además, la joven le dice que Mizuki y Susi parten hoy para Kioto. Esta noticia deja en shock a Antonio. ¿Desde cuándo sabe Mizuki que su madre vive con Sandra? Decide ir a casa de la chica para encontrar respuestas.

Chapter thirteen summary

Antonio decides to make the three calls in alphabetical order. First he calls Amaya. The girl tells him that Susi is not there, but she informs him that Susi is with Sandra Berriz. Amaya tells him that she cannot give him more information. Antonio expressses his gratitude for the information. The boy thinks that it is no necessary to call Pilar, so he communicates directly with Sandra. She is waiting for his call. She has a letter from Mizuki to him. Sandra invites Antonio to go to her house to give him the letter. In addition, the young woman tells him that Mizuki and Susi leave to Kyoto today. This news leaves Antonio in shock. Since when does Mizuki know that her mother lives with Sandra? Antonio decides to go to Sandra's house to find answers.

Capítulo catorce

La cabeza le da vueltas. Se siente mareado. Antes de salir hacia el piso de Sandra, se da cuenta de que tiene un nuevo correo electrónico. Se apresura a abrirlo. Su decepción aumenta cuando ve que es un mensaje automático generado por el propio sistema.

"Imposible enviar mensaje al usuario mizuki@tecnotec.tec Compruebe la dirección de correo electrónico. Esta dirección no es correcta o no existe"

Con el ordenador todavía encendido, Antonio sale de casa y ni siquiera se acuerda de cerrar la puerta con llave. Baja por las escaleras y echa a correr por la acera hacia la calle que aparece en la fotocopia que lleva en la mano, la de la casa de Sandra Berriz.

Cuando llega a la dirección indicada, el joven toca tres veces el timbre. Agobiado por la impaciencia, vuelve a tocar una vez más.

—¿Quién llama?

Antonio reconoce la voz de la chica, la misma voz del teléfono.

—Sandra, soy Antonio.

El sonido de apertura de la puerta indica que Antonio puede acceder al portal. Al subir al cuarto piso, enciende la luz del rellano. A través de la puerta llega el sonido de una radio. Se oyen unos pasos que atraviesan un pasillo. Sandra da dos vueltas a la llave en la cerradura. Al abrir la puerta, ambos muchachos quedan conmocionados. Uno frente al otro, como en un espejo.

Ninguno de los dos se puede creer lo que ven sus ojos. Son como dos gotas de agua. El pelo rubio rizado. Los ojos azules. La frente ancha. Los labios carnosos. Las pestañas largas. Los pómulos prominentes. El color sonrosado de la piel. El hoyuelo en la barbilla. Sandra se ve a sí misma en Antonio, y viceversa.

—¿Qué, qué significa esto? —tartamudea el chico.

—Estoy tan sorprendida como tú —responde Sandra aún aturdida con la situación.

—Es solo una impresión mía o ¿somos iguales? —pregunta Antonio sin dar crédito a lo que tiene enfrente.

—No, no es impresión tuya. Somos exactamente iguales, y creo que puedo encontrar una explicación para ello. Pasa, por favor, no te quedes ahí fuera.

El joven se adentra en la casa y sigue a Sandra por el largo pasillo hasta el salón. Antonio se fija en los movimientos de la chica al andar, hasta en eso se parecen.

—Siéntate, Antonio. Tengo un par de preguntas para ti. ¿Cuántos años tienes?

—Veinticinco —responde él como un autómata.

—La misma edad que tengo yo. ¿Quiénes son tus padres? —sigue interrogándole ella.

—Soy adoptado. Pero la mayor parte de mi infancia transcurre de casa de acogida en casa de acogida. Un momento, ¿por qué me haces estas preguntas?

—Antonio, hace veinticinco años mi madre se queda embarazada. Son gemelos, un chico y una chica. Sin embargo, uno de ellos, el varón, nace muerto. Al menos eso es lo que le cuentan a ella en el hospital. Sin embargo mamá siempre dice que te oyó llorar.

—¿Quieres decir que tú y yo...? —pregunta con la voz entrecortada—. ¿Qué tú y yo somos hermanos, gemelos?

—Sí, eso parece —afirma ella con lágrimas en los ojos.

Él se tapa la boca con las dos manos, en un vano intento de contener la emoción que se desborda y canaliza en un abrazo que deja a Sandra casi sin respiración. Tras el largo abrazo, caen en la cuenta de que tienen pendiente de abrir la carta de Mizuki. Sandra se la acerca a Antonio. Este despega la solapa del sobre con cuidado y mira en su interior. Dentro solo hay una hebra de hilo, de color rojo, como el de la leyenda.

Resumen capítulo catorce

Un nuevo correo aparece en el buzón de entrada del mail de Antonio. Él cree que es de Mizuki, pero se trata de una respuesta automática de que esa dirección de correo ya no existe. El muchacho está muy confundido. Acude a casa de Sandra, la colaboradora de la asociación. Al abrir ella la puerta, los dos jóvenes quedan conmocionados. Están uno frente al otro, como en un espejo. Se dan cuenta de que son iguales. Sandra hace pasar a Antonio a la vivienda. Ella imagina qué puede estar pasando. Pregunta a Antonio por su edad, es la misma que tiene ella. Y por los padres de él. El chico le cuenta que es adoptado. Entonces ella desvela que tiene un gemelo. A su madre, en el hospital, le dicen que nace muerto. Sin embargo, la madre siempre asegura que escuchó llorar al niño. Los dos son hermanos gemelos. Después recuerdan que aún está sin abrir la carta de Mizuki. Antonio despega la solapa del sobre y en el interior solo encuentra una hebra de hilo, de color rojo, como el de la leyenda.

Chapter fourteen summary

A new e-mail appears in Antonio's mail inbox. He thinks it's from Mizuki, but it's an automatic response saying that the e-mail address does no longer exist. The boy is very confused. He goes to Sandra's house, the association's collaborator. When she opens the door, the two youngsters are shocked. They are facing each other, as in a mirror. They realize that they are identical. Sandra invites Antonio to enter the house. She imagines what may be happening. She asks Antonio about his age, it is the same as hers. And about his parents. The boy tells her that he is adopted. Then she reveals that she has a twin brother. In the hospital, the doctor was told her mother that her son was born dead. However, the mother always said she heard the baby cry. Both are twin brothers. Then they remember that Mizuki's letter is still unopened. Antonio removes the envelope's flap and inside he only finds a strand of thread, red, like the legend.

FIN – THE END

VOCABULARIO / VOCABULARY

A

A mitad de precio: half-price

A través: through

Abandonar: to leave

Abierta: open

Ablandar: to soften up

Abrazado: embraced

Abrir: to open

Acceder: to access

Acción: action

Acera: paviment / sidewalk

Acerca de: about

Acordar(se): to remember

Acreditado: accredited

Actitud: attitude

Actitud: attitude

Actriz: actress

Actualizar: to refresh / to update

Adentrar(se): to get into

Adiós: bye

Adoptado: adopted

Adorable: adorable

Adulta: adult

Afectar: to be bad for the health

Agarrar: to grab

Ahora mismo: right now

Ajustado: close-fitting / tight-fitting

Ajustar al perfil: to fit to profile

Al día siguiente: the next day / the following day

Al lado: next to

Al menos: at least

Al mismo ritmo: at the same rate

Alcanzar: to catch

Alegre: cheerful

Alivio: relief

Allá: over there

Almas: souls

Alrededor: around

Alta: tall

Ambos: both

Amigo: friend

Amplia: big

Ancha: wide

Anotar: to write down

Ansioso: anxious

Anunciar: to advertise

Anuncio: ad

Apagar: to switch off

Apartamento: apartment

Apartar la vista: to look away

Apellido: surname

Apenas: barely

Aprender: to learn

Apresurarse: to hurry up

Apretar: to press

Aproximarse: to approach

Apuntes: notes

Arco: arch

Argumentar: to argue

Armar jaleo: to look for trouble

Arrepentirse: to regret

Arriesgarse: to risk

Ascensor: lift / elevator

Asiento: sit

Asimilar: to assimilate

Asistente social: social worker

Asma: asthma

Asociación: association

Aspecto: looks / appearance

Asunto: subject

Atraer: to attract

Atrás: behind / in back of

Aturdida: stuned

Aturullada: rushed

Autómata: robot

Aviso: notice

Ayudar: to help

B

Bajar: to go down

Balda: shelf

Bandeja: tray

Barbilla: chin

Barrotes: iron bars

Beso: kiss

Boda: wedding

Bolígrafo: pen

Bolsillo: pocket

Bombear: to pump

Bombero: firefighter

Botón: button

Brevedad: brevity

Bromear: to joke

Buenos días: good morning

Buscador: search engine

Buscar: to search

Búsqueda: search

C

Cabeza: head

Cada vez: every time / whenever

Cadera: hip

Calcular: to calculate

Calificación: qualification

Calzar: to wear (footwear)

Camarero: waiter

Camisa: shirt

Cara angulosa: angular face

Carácter: character

Caradura: cheeky / shameless

Carnosos: full / thick

Carpeta: folder

Carraspear: to clear your throat

Carretera: road

Carta: letter

Cartel: poster

Cartera: wallet

Casa de acogida: shelter

Casa: home

Casilla: box

Casualidad: chance / coincidence

Cazadora: jacket

Cenizas: ashes

Cercana: close / near

Cerezo: cherry tree

Cerrada: close

Cerradura: lock

Charla: chat

Chicas: girls

Chicos: boys

Cicatrices: scars

Ciega: blind

Cintura: waist

Cinturón: belt

Círculo: circle

Circunspecto: circumspect

Ciudad: city

Claro: clear / of course

Clases particulares: private classes

Clave: key

Cobrar: to charge

Código postal: postal code

Coger: to take

Colaborador: collaborator

Colegio: school

Colgar el teléfono: to hang up

Colmillos: fangs

Colocar: to put / to place

Color crema: cream colour

Comentar: to talk about

Comentario: comment

Comercio: commerce

Como quieras: as you like

Cómodo: comfortable

Compañero: workmate

Cómplice: conspirational

Comprar: to buy

Comprender: to understand

Comprobar: to check

Compuerta: gate

Conceptos: concepts

Conciliadora: conciliatory

Confabularse: to conspire

Confesar: to confess

Confianza: trust

Confidencial: confidential

Confirmación: confirmation

Conmigo: with me

Conmocionado: touched

Conocimiento: knowledge

Contactar: to contact

Contar: to tell

Contento: glad

Contestar: to answer / to reply

Contexto: context

Contiguo: adjacent

Contraer: to contract / to catch

Convencido: convinced

Coordenadas: coordinates

Corazón: heart

Corbata: tie

Correo electrónico: email

Cosas: things

Creer: to believe

Cristal: glass

Crónica: chronic

Cruzar: to cross

Cuánto: how much

Cuarto de hora: quarter of an hour

Cuello: neck

Cuenta atrás: countdown

Cuero: leather

Cuerpo: body

Cumpleaños: birthday

Cursor: cursor

D

Dar crédito: to believe

Dar igual: (something) no matter

Dar media vuelta: to turn around

Dar media vuelta: turn around

Dar señales de vida: to show signs of life

Dar vueltas la cabeza: to feel ill

Darse cuenta de algo: to realize

Darse prisa: to hurry up

Datos personales: personal information

Deberes: homework

Decepción: disappointment

Decidir: to decide

Dedo índice: index finger

Defender: to defend

Delante: in a forward position

Deliberadamente: deliberately

Delicado: delicate

Delito: misdemeanor

Demasiada: too much

Denuncia: report / complaint

Desarrollar: to develop

Desayunar: to have breakfast

Desayuno: breakfast

Desbordar: overflow

Descanso: rest

Desconocida: unknow

Deseo: desire

Deslizar: to slide

Desmedido: out of proportion

Despacho: office

Despacio: slowly

Despedir(se): to say goodbye

Despegar: to remove

Despiste: absent-mindedness

Destino: destiny

Destrozar: to destroy

Desvelar: to uncover

Detalle: detail

Detrás: behind

Devastado: destroyed

Diablo: devil

Dirección: adress

Dirigir(se): to go

Diseño: design

Disimular: to conceal

Dolencia: illness / disease

Dominar: to master

Domingo: Sunday

Dónde: where

Dormir: to sleep

Dramatizar: to dramatise / to dramatize

Dueña: owner

E
Echar un vistazo: to have a look

Edificio: building

Educación: manners

Elegante: elegant

Empezar: to start / to begin

Empresa: business

Empujar: to push

En efecto: in effect

En medio: in the middle

Enamorar(se): to fall in love with

Encantar: to love / to charm

Encanto: charm

Encargada: manager / person in charge

Encender: to switch on

Encimera: countertop

Encontrar: to find

Enfado: annoyance

Enseñar: to teach

Entradas: tickets

Entrecortada: choked with emotion

Entregar: to deliver

Entretenerse: to become entertained

Entrevista de trabajo: job interview

Enviar: to send

Errónea: wrong

Escaparate: shop window

Esconder: to hide

Escote: neckline

Escribir: to write

Escribir: to write

Escritorio: desk

Escuchar: to listen to

Escueta: concise

Espalda: back

Espantar: to shoo away

Espejo: mirror

Esperanza: hope

Esperar: to wait for

Esquiva: elusive

Establecimiento: establishment

Estado civil: civil status

Estampado: print

Estancia: room

Estar roto: to be broken

Estar seguro: to be sure

Estar vivo: to be alive

Estatura: height

Estrecha: narrow

Estrechar la mano: shake hand

Estudiar: to study

Eterno: eternal

Excesivo: excessive

Excitante: exciting

Exclamar: to exclaim

Excusar(se): to excuse yourself

Exhalar: to exhale

Explicar: to explain

Explosión: explosión / blast

F
Fábrica: factory

Facciones: features

Familiar: family

Fecha de nacimiento: birthdate

Figuras de porcelana: porcelain figurines

Fijar(se): to focus on / to look at

Filosófico: philosophical

Finalmente: finally

Fino: thin

Flor: flower

Folio: sheet

Forzada: forced

Fotocopia: photocopy

Fregar los platos: to wash the dishes

Frente a: in front of

Frente: forehead

Frotar: to rub

Fumar: to smoke

Furiosa: furious

G

Gafas: glasses

Ganar: to win

Garras: claws

Gemelos: twins

Golpe: hit

Gracias a: thanks to

Granada: hand-grenade

Gratis: free

Grave: serious / grave

Guapísima: very attractive

Gustos: preferences

H

Hablar: to speak / to talk

Hacer daño: to hurt

Hacer la cama: to make the bed

Hacer la comida: to cook

Hacer las paces: to make peace

Hasta mañana: see you tomorrow

Herida: injury

Hilo: thread

Historia: story

Hogar: home

Hojear: to leaf through

Hombre: man

Hombro: shoulder

Honorarios: fees

Hoy: today

Hoyuelo: dimple

Huella: fingerprint

I

Icono: icon

Idioma: language

Imán: magnet

Impaciencia: impatience

Impar: odd

Impartir lecciones: to give lessons

Imprescindible: essential

Incendio: fire

Incómodo: uncomfortable

Incorporación: incorporation

Indicar: to indicate

Indiscreto: indiscreet

Infección: infection

Infernal: infernal

Infortunio: misfortune

Inicio: beginning / start

Inmediatamente: immediately

Insistir: to keep going / to insist on

Interesar(se): to be interested

Intriga: intrigue / scheme

Intuir: to sense

Investigación: inquiry / investigation

Ir: to go

Izquierdo: left

J

Joven: young

Joya: jewel

Jurar: to swear

K

L

Labios: lips

Ladear: to tilt / to lean

Ladrón: thief

Lavavajillas: dishwasher

Lectura: reading

Lengua materna: native language

Levantarse: to get out of bed

Leyenda: legend

Línea: line

Llamar: to ring / to call

Llaves: keys

Llegar: to arrive

Llena: full

Llorar: to cry

Lo mismo: the same

Lo siento: I'm sorry

Local: place

Localizar: to locate

Luchar: to fight

Lugar de nacimiento: place of birth

Lugar: place

Luminoso: illuminated

Lunes: Monday

M

Madre mía: my goodness

Mala suerte: bad luck

Malo: bad

Manilla: handle

Mantener: to hold

Mantequilla: butter

Manuscrita: manuscript

Mañana: tomorrow

Marcador: signpost

Más tarde: later

Mechón: lock

Mediana: médium-sized

Médico: doctor

Melena: long hair

Melodía: melody

Mensaje: message

Mentir: to lie

Meter: to put in

Metro: underground / subway

Mientras: while

Mío: mine

Mirada: look

Mirar: to look

Mobiliario: furniture

Moda: fashion

Modesto: modest

Molesta: annoying

Molestar: to bother

Moneda: coin

Montar en bicicleta: to cycle / to ride a bicycle

Montón: pile

Moño: bun

Morena: brown

Muda: mute

Muerto: dead

Mujer: woman

N

Nacer: to born

Nacionalidad: nacionality

Nativa: native

Necesitar: to need

Negar: to deny

Nivel: level

Noche Vieja: New Year's Eve

Nombre: name

Noticias: news

Novia: girlfriend

Numeradas: numbered

Ñ

O

Obligar: to force

Observar: to observe

Obsesión: obsession

Obtener: to obtain / to get

Ocurrencia: wisecrack

Oferta: offer

Ofertas de empleo: job offers

Ofrecer: to offer

Ojos rasgados: almond-shaped eyes

Olvidar: to forget

Ondulado: wavy

Opinar: to give your opinion

Oportunidad: opportunity

Oración: sentence

Orden alfabético: alfabetic order

Ordenador portátil: laptop

Ordenador: computer

Orfanato: orphanage

Oriental: oriental

P

Paciente: patient

Padecer: to suffer

Pago: payment

Pájaro: bird

Palabra: word

Palma de la mano: palm of the hand

Palmada: clap

Panadería: bakery

Pantalla: screen / monitor

Pantalón: pant / trouser

Papelera de reciclaje: recycle bin

Par: even

Par: pair

Paradero: location / whereabouts

Parecer: to seem / to looks like

Pareja: couple

Parpadear: to blink

Pasar el aspirador: to pass the hoover / to vacuum

Pasar por alto: to ignore

Pasillo: hallway / corridor

Pastel: cake

Pedalear: to pedal

Pedir favores: to ask for favours

Pegar: to glue

Peinar: to brush

Película: movie / film

Peligroso: dangerous

Pellizco: pinch

Pelo: hair

Pensar: to think

Pequeño: small

Periódico: newspaper

Permanecer: to remain / to stay / to keep

Permitir: to allow

Perplejidad: perplexity

Pesado: boring

Pestañas: eyelashes

Petición: request

Piel: skin

Pies: feet

Pista: clue

Poder: to can

Pomo: doorknob

Pómulo: cheek

Portal: vestibule

Portazo: slam

Prácticas: practices

Precio: price

Preciosa: precious

Preferir: to prefer

Preguntar: to ask for / to request

Prensa: press

Preocupado: worried

Presentimiento: premonition

Prominente: prominent

Pronóstico: prediction

Pronunciar: to pronounce

Propinar: to give / to inflict

Proponer: to suggest

Protagonista: player / main character

Proyectar: to project

Pruebas: evidences

Pudoroso: shy

Puntos extra: extra points

Puntual: on time

Q

Quedar con alguien: to arrange with someone

Quedar: to have left

Quedarse embarazada: to get pregnant

Quemado: burnt / burned

Querer: to want

Quitar el polvo: to dust

R

Rara: rare / weird

Ratón: mouse

Recelosa: suspicious / distrusting

Rechazar: to reject

Recibidor: hall

Recomendación: recommendation

Recomendar: to recommend

Reconocer: to recognise / to recognize

Recorrer: to go over

Referencia: reference

Reflejo: reflection

Reflexionar: to think about

Regalar: to gift / to give away

Regalo: gift / present

Regresar: to come back / to return

Reír: to laugh

Releer: re-read

Rellano: landing

Reloj de pulsera: wristwatch

Reloj: clock / watch

Remitente: sender

Repasar: to look over

Repentino: sudden

Replicar: to reply

Representar: to represent

Reprochar: to reproach

Reproche: reproach

Repudiar: to repudiate

Rescatar: to rescue

Residencia: old people's home

Respiración: breathing

Respirar hondo: to breathe deeply

Resuello: gasp

Retumbar: to resound

Reverencia: bow

Revisar: to look over

Rincón: corner

Rizado: curly

Rodilla: knee

Rojo: red

Romántico: romantic

Rostro: face

Rótulo: sign

Rubio: blonde

S

Saber: to know

Sacar: to remove from

Salario bruto: gross salary

Salir: to go out / to leave

Saltar: to jump

Saludar: to greet

Salvar: to save

Secuestro: kidnapping

Segunda Guerra Mundial: Second World War

Segundero: second hand

Semáforo: traffic light

Sensual: sensual

Sentarse: to sit down

Sentimiento: feeling

Señal: signal / sign

Silbar: to whistle

Silencio: silent

Simpática: likeable

Sin embargo: however

Sincera: sincere

Sitio: place

Sobre: envelope

Sofá: settee / sofá / couch

Solamente: only

Solapa: flap

Soldado: soldier

Soltero: single

Sonar: to ring / to sound

Sonriente: smiling

Sonrojarse: to blushed

Sonrosado: rosy

Sorbo: sip

Sospecha: suspicion

Suavizar: to soften

Subida de azúcar: sugar rush

Suceder: to happen

Sueño: dream

Sugerir: to suggest

Súplica: plea

Suponer: to suppose

Suspiro: in a flash

Susurrar: to whisper

T

Tacón: heel

Talle: waist

Tampoco: neither

Tapa: cover

Tardón: latecomer

Tarjeta de visita: calling card

Teclear: to key / to click

Tejado: roof

Telefonillo: entryphone

Temblar: to tremble

Temer: to be afraid

Temeroso: scared

Tener: to have

Tentáculos: tentacles

Terminar: to end

Tienda: shop / store

Tierna: tender

Timbre: doorbell

Típica: typical

Tirar: to throw

Todos los días: everyday

Tono: tone

Torre: tower

Tostada: toast

Trabajo: job

Traducir: to translate

Tráfico: traffic

Traicionar: to betray

Tranquilo: calm

Tratamiento de cortesía: politeness treatment

Trazo: stroke

Triste: sad

Tupé: toupée / hairpiece

Tutelar: to be guardian of

U
Último: last / latest

Umbral: threshold

Uniforme: uniform

Unir: to join / to connect

Urgir: to be urgent

Usted: you (polite, second person singular)

Usuario: user

V

Vamos: come on

Vano: vain

Varón: boy

Vaso: glass

Velocidad: speed

Venta: sale

Verdad: truth

Verdadero: real / true

Viaje: trip

Vibrar: to vibrate

Viceversa: vice versa

Videojuego: video game

Vista: sight

Vocalizar: to enunciate

Volar: to fly

W

X

Y

Z

Zapato: shoe

FRASES COMUNES / COMMON PHRASES

¿Cómo te va?: How are you doing?

¿De acuerdo?: All right?

¿Por qué dices eso?: Why do you say that?

¿Qué hay?: What's up?

¿Qué planes tienes?: What plans do you have?

Encantado de conocerla: Nice to meet you

Estar al otro lado: To be on the other side

Ir a tomar algo: To go out for a drink

Las diez y media: Half past ten

Las ocho menos veinte: It's twenty to eight

No hacer falta: Not have to

No me importa: I do not mind

No me parece una buena idea: I don't think that's a good idea

No te preocupes: Don't worry

No tienes pérdida: You have no loss

Nueve en punto de la mañana: Nine o'clock in the morning

Once menos cuarto: A quarter to eleven

Pasa un buen día: Have a nice day

Poner al día: To update

Poner en marcha: To implement / to start

Poner un pie en la calle: Setting a foot on the street

Ponerse de su parte: To support

Por cierto: By the way

Por fin: Finally / at last

Por la mañana: In the morning

Por supuesto: Of course

Si es posible: If it's possible

Tener un trato: To have a deal

Tener cuidado: To be careful

Tener ganas: To feel like

Tener razón: To be right

Tirar a la basura: To throw in the trash

Tomar apuntes: To take notes

Tomar clases: To take classes

Tomar un café: To drink coffee

Un cordial saludo: A warm greeting

Una y otra vez: Time after time

Venir bien: To be good for you

EXPRESIONES IDIOMÁTICAS / IDIOMS

Empezar de cero: to start from scratch

Causar una buena impresión: to make a good impression

Mandar callar: to make shut their mouth

Meter en un lío: to get into a mess

Mirar de arriba abajo: to look up and down

Sacar a alguien de sus casillas: to drive someone round the bend

Sacar las cosas de quicio: to exaggerate (extremely)

Seguir en pie: to be still valid

Ser como dos gotas de agua: to be like two peas in a pod

Te debo una: I owe you one

Te tomo la palabra: I'll hold you to that

Tener la fiesta en paz: to get along

Tirar del hilo: to have some clue to continue

LÉXICO Y GRAMÁTICA / LEXICON AND GRAMMAR

Pistas para utilizar los verbos ser y estar:

Ser:

Indica características y profesión:

- ✓ Yo soy alto.
- ✓ Tú eres carpintero.
- ✓ La caja es de madera.

Indica propiedad o pertenencia:

- ✓ La casa es mía.
- ✓ Los coches son nuestros.
- ✓ María es mi madre.

Indica fecha y hora:

- ✓ Hoy es 16 de octubre de 2017.
- ✓ Son las tres y cuarto de la tarde.

Estar:

Indica un estado temporal:

- ✓ Yo estoy dormido.

- ✓ Tú estás cansado.
- ✓ Él está bronceado (por el sol).

Indica una localización:

- ✓ Nosotros estamos aquí.
- ✓ Vosotros estáis en casa.
- ✓ Ellos están en el supermercado.

Indica algo que secede ahora mismo (estar+gerundio):

- ✓ Yo estoy comiendo.
- ✓ Tú estás aplaudiendo.
- ✓ Él está aparcando el coche.

Aprende a decir la hora en español:

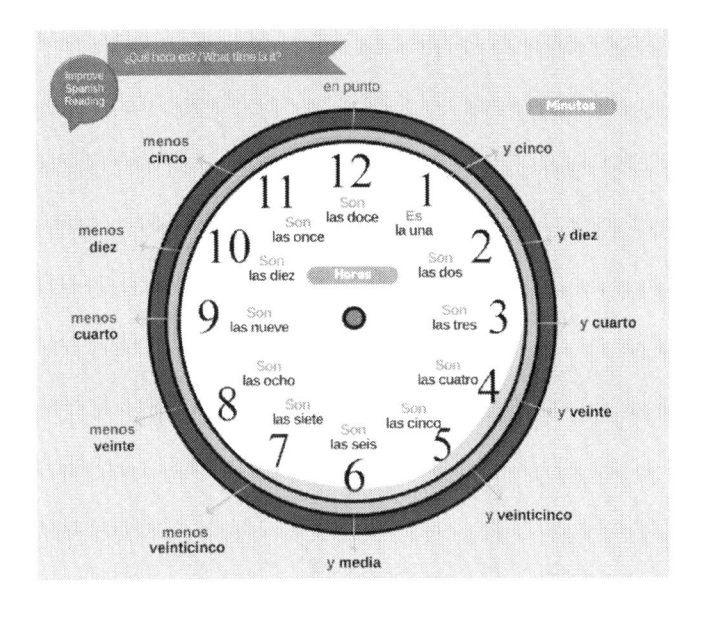

EJERCICIOS DE COMPRENSIÓN LECTORA / READING COMPREHENSION EXERCISES

Escoge la respuesta correcta / Choose the correct answer

Ejercicios de comprensión lectora capítulo uno / Reading comprehension exercises chapter one

1.- ¿Qué busca Antonio en los anuncios del periódico?

   a) Una película.
   b) Una tienda de figuras de porcelana.
   c) Un trabajo.
   d) Un restaurante.

2.- ¿Qué idioma decide estudiar Antonio?

   a) Ruso.
   b) Inglés.
   c) Francés.
   d) Japonés.

Ejercicios de comprensión lectora capítulo dos / Reading comprehension exercises chapter two

3.- ¿Cuál es el título de la película que van a ver Antonio, Luis y Julia?

    a) Leyendas de un americano.

    b) La verdad de la leyenda.

    c) Verdades de Japón.

    d) Leyendas de Japón.

4.- ¿A qué hora quedan en el cine?

    a) A las diez y media.

    b) A las doce en punto.

    c) A las ocho menos veinte.

    d) A las tres menos cuarto.

Ejercicios de comprensión lectora capítulo tres / Reading comprehension exercises chapter three

5.- ¿Cuánto cuestan a Antonio las clases de japonés?

    a) Nada, son gratis.

b) Diez euros la hora.

c) Doscientos yenes.

d) Una cena en un restaurante japonés.

6.- ¿Cuál es la leyenda de la que trata la película?

a) La leyenda de los siete gatos.

b) La leyenda del piano.

c) La leyenda del hilo rojo.

d) La leyenda de un hombre pobre.

Ejercicios de comprensión lectora capítulo cuatro / Reading comprehension exercises chapter four

7.- ¿Qué les parece a Luis y a Julia que Antonio tome clases de japonés con una desconocida?

a) Una gran idea.

b) Les da miedo que puedan hacerle daño.

c) Ellos también van a tomar clases de japonés.

d) Piensan que es mejor estudiar chino.

8.- ¿Qué les pasa a los protagonistas de la película?

a) Que no tienen casa.

b) Que ambos tienen una grave enfermedad.

c) Que la chica está ciega y el chico tiene la cara desfigurada por la explosión de una granada.

d) Que ambos son huérfanos.

Ejercicios de comprensión lectora capítulo cinco / Reading comprehension exercises chapter five

9.- ¿Por qué está molesta Julia al salir del cine?

a) Porque está cansada.

b) Porque Antonio hace ruido al comer palomitas.

c) Porque Luis es muy poco romántico.

d) Porque no le gusta la película.

10.- ¿Quién tiene un mal presentimiento sobre las clases de japonés?

a) Antonio.

b) Luis.

c) Antonio y Julia.

d) Antonio y Luis.

Ejercicios de comprensión lectora capítulo seis / Reading comprehension exercises chapter six

11.- ¿Cómo es Mizuki?

    a) Baja, rubia y con el pelo liso.

    b) Alta, rubia y con el pelo ondulado.

    c) Alta, morena y con el pelo ondulado.

    d) Baja, morena y con el pelo ondulado.

12.- ¿Qué le pide Mizuki a Antonio a cambio de darle clases?

    a) Le tiene que ayudar a encontrar a su madre.

    b) Le tiene que enseñar español.

    c) Le tiene que acompañar al cine.

    d) Le tiene que hacer de chófer.

Ejercicios de comprensión lectora capítulo siete / Reading comprehension exercises chapter seven

13.- ¿Cuántas llamadas perdidas tiene Antonio de Luis el primer día de clase con Mizuki?

a) Siete.
b) Cinco.
c) Cuatro.
d) Nueve.

14.- ¿Qué dice la nota que Mizuki deja sobre la mesa de Antonio el primer día de clase?

a) *Quiero encontrar a mi madre, no puedo hacerlo sola. Necesito tu ayuda. No olvides practicar los kanjis.*
b) *Quiero volver a Kioto, no puedo comprar el billete de avión sola. Necesito tu ayuda. No olvides practicar los kanjis.*
c) *Quiero aprender español, no puedo hacerlo sola. Necesito tu ayuda. No olvides practicar los kanjis.*
d) *Quiero encontrar a mi hermana, no puedo hacerlo sola. Necesito tu ayuda. No olvides practicar los kanjis.*

Ejercicios de comprensión lectora capítulo ocho / Reading comprehension exercises chapter eight

15.- ¿Qué le manda hacer Mizuki a Antonio el segundo día de clase?

    a) Ir a la panadería.
    b) Quitar el polvo y pasar el aspirador.
    c) Averiguar por qué está cerrado el restaurante Akai ito–Queen sushi y preguntar por la dueña.
    d) Llamar a Luis y Julia para quedar todos para cenar.

16.- ¿Qué sucede cuando Antonio llama al teléfono del restaurante Akai-ito?

    a) El número que aparece en internet es erróneo.
    b) Le preguntan qué quiere para comer.
    c) Un hombre le dice que el restaurante está cerrado.
    d) Nadie le coge el teléfono.

Ejercicios de comprensión lectora capítulo nueve / Reading comprehension exercises chapter nine

17.- ¿Qué descubre Antonio cuando va a la calle Maravillas al restaurante Akai-ito?

   a) Que ahora es un restaurante italiano.
   b) Que cierra los domingos.
   c) Que no dejan entrar animales.
   d) Que está cerrado a causa de un incendio.

18.- ¿A quién acude Antonio para obtener más información sobre la madre de Mizuki?

   a) A Jaime, un compañero de colegio que es asistente social.
   b) A la dueña de la tienda de al lado del restaurante.
   c) A la policía.
   d) A nadie, Antonio abandona la búsqueda.

Ejercicios de comprensión lectora capítulo diez / Reading comprehension exercises chapter ten

19.- ¿Cúando puede contar Antonio a Mizuki sus investigaciones?

- a) Antes de la clase de japonés.
- b) Durante la clase de japonés.
- c) Después de la clase de japonés.
- d) Por teléfono.

Ejercicios de comprensión lectora capítulo once / Reading comprehension exercises chapter eleven

20.- ¿Por qué llaman Susi a la madre de Mizuki?

- a) Porque se llama Susana y Susi es un diminutivo.
- b) Por la comida japonesa, el sushi, y por el nombre del restaurante.
- c) Porque no quiere que la localicen.
- d) Porque es su verdadero nombre.

21.- ¿Qué enfermedad tiene la madre de Mizuki?

a) Es ciega.

b) Tiene asma.

c) Tiene cáncer.

d) Tiene Alzheimer.

Ejercicios de comprensión lectora capítulo doce / Reading comprehension exercises chapter twelve

22.- ¿Qué le da Jaime a Antonio para que pueda continuar la búsqueda?

a) Un mapa de la ciudad.

b) Unas tarjetas de visita de tres colaboradoras de la asociación.

c) Tres entradas para ver una película en el cine.

d) Un libro de japonés.

23.- ¿Qué hace Antonio cuando ve que Mizuki no acude a su cita para darle clases?

a) Llama a Luis para que le ayude a buscarla.

b) Escribe un mail a Mizuki en el que le dice que está preocupado por ella.

c) Se toma una cerveza.

d) Va a entregar el currículum.

Ejercicios de comprensión lectora capítulo trece / Reading comprehension exercises chapter thirteen

24.- ¿Qué orden utiliza Antonio para realizar las llamadas a las colaboradoras de la asociación?

- a) Orden aleatorio.
- b) Orden numérico.
- c) Orden alfabético.
- d) Orden alfanumérico.

25.- ¿Qué tiene Sandra Berriz en su casa?

- a) Un pañuelo que pertenece a Mizuki.
- b) Un perro.
- c) Una figura de porcelana.
- d) Un sobre de Mizuki para Antonio.

Ejercicios de comprensión lectora capítulo catorce / Reading comprehension exercises chapter fourteen

26.- ¿Qué descubren Sandra y Antonio?

- a) Que a los dos les gusta la comida japonesa.

b) Que ambos son hermanos gemelos.

c) Que Mizuki es española.

d) Que los dos tienen animales en casa.

27.- ¿Qué hay en el sobre que deja Mizuki para Antonio en casa de Sandra?

a) Una carta de amor.

b) Un billete de avión para ir a Kioto.

c) Una hebra de hilo rojo.

d) Nada, está vacío.

Soluciones a las preguntas:

1) C
2) D
3) B
4) C
5) A
6) C
7) B
8) C
9) C
10) B
11) C
12) A
13) C
14) A
15) C
16) A
17) D
18) A
19) C
20) B
21) D

22) B
23) B
24) C
25) D
26) B
27) C

Link audio:

https://soundcloud.com/teresa-garviar/la-verdad-de-la-leyenda/s-X03Js

Download audio link:

https://drive.google.com/open?id=1IpxtDgKbAawLcaV6vE5xdlxk43WWGkkt

If you have any problems or suggestions, please contact us at the following email address:

improvespanishreading@gmail.com

NOTAS / NOTES

NOTAS / NOTES

NOTAS / NOTES

Títulos de la colección publicados
hasta la fecha

- La verdad de la leyenda
- El secreto del molino
- Una aventura de WhatsApp
- Viaje a Singapur
- Misterio en la biblioteca
- Una carta inesperada
- Tus huellas son mis pasos
- El cadáver del puente
- Enigma en la playa

Visita nuestra página web

http://improve-spanish-reading.webnode.es/

Printed in Poland
by Amazon Fulfillment
Poland Sp. z o.o., Wrocław